Rookie español

Hola, Doctor

ROUND LAKE
AREA LIBRARY

**Escrito por
David F. Marx**

**Ilustrado por
Mark A. Hicks**

Children's Press®
Una división de Grolier Publishing
Nueva York   Londres   Hong Kong   Sydney
Danbury, Connecticut

Para Mark E.
—M. A. H.

Especialistas de la lectura
Linda Cornwell
Coordinadora de Calidad Educativa y Desarrollo Profesional
(Asociación de Profesores del Estado de Indiana)

Katharine A. Kane
Especialista de la educación
(Jubilada de la Oficina de Educación del Condado de San Diego,
California y de la Universidad Estatal de San Diego)

Traductora
Jacqueline M. Córdova, Ph.D.
Universidad Estatal de
California, Fullerton

Visite a Children's Press® en el Internet a:
http://publishing.grolier.com

Información de publicación de la Biblioteca del Congreso de los EE.UU.
Marx, David F.
   Hola, Doctor / escrito por David F. Marx; ilustrado por Mark A. Hicks.
      p. cm. — (Rookie español)
   Resumen: Cuando va a su chequeo médico, un niño hace todo lo que le dice el
médico.
   ISBN 0-516-22274-0 (lib. bdg.)   0-516-27092-3 (pbk.)
   [1. Chequeo médico—ficción. 2. Libros en español.]
   I. Hicks, Mark A., il. II. Título. III. Serie.
PZ73.M3214 2000
[E]—dc21   00-024167

¿Dígame qué debo hacer?

Puedo decir—¡Ahhh!

Puedo mirar.

9

Puedo soplar.

Puedo patear.

13

Puedo agacharme.

15

Puedo hacerlo.

Pero, ¿puedo hacer esto?
¿Qué pasa si me duele?

19

Bueno. Se acabó.
Fui valiente.

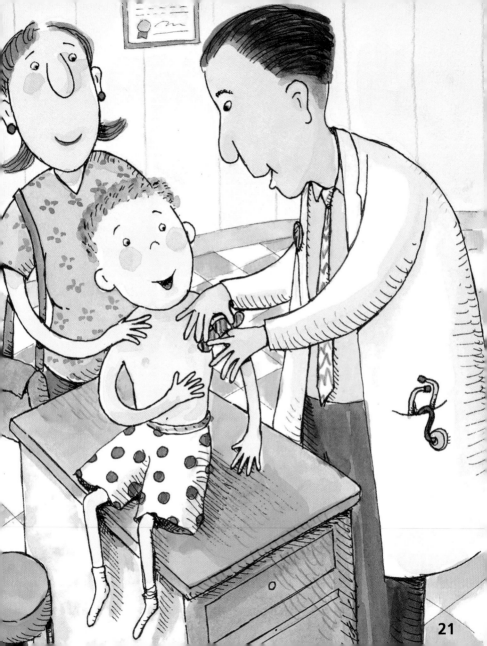

Gracias, Doctor.
Adiós.

Lista de palabras (27 palabras)

acabó	duele	pasa
adiós	esto	patear
agacharme	fui	pero
ahhh	gracias	puedo
bueno	hacer	qué
debo	hacerlo	se
decir	hola	si
dígame	me	soplar
doctor	mirar	valiente

Sobre el autor

David F. Marx es autor y redactor de libros para niños, y vive en Newtown, Connecticut. Es el autor de varios libros de las series *Rookie Reader* y *Rookie Read-About Geography* (*Rookie lee sobre geografía*) publicados por Children's Press.

Sobre el ilustrador

Mark A. Hicks es un ilustrador que ha ganado premios con sus obras artísticas para libros, revistas y productos de papel.